gespräche mit jonas

..machen Mut zum Leben

Gestatten,

Jesus

Mit mir wirst du ohne Angst sein

Wolfgang Nicolaus

Bibliografische Information
der Deutschen Nationalbibliothek:
Die Deutsche Nationalbibliothek verzeichnet diese
Publikation in der Deutschen Nationalbibliografie;
detaillierte bibliografische Daten sind im Internet
über http://dnb.dnb.de abrufbar.

Titelbild: Willgard Krause auf Pixabay

Herstellung und Verlag:
BoD – Books on Demand, Norderstedt

ISBN: 9783756837137

Inhaltsverzeichnis   Seite

Das Gespräch mit Jonas

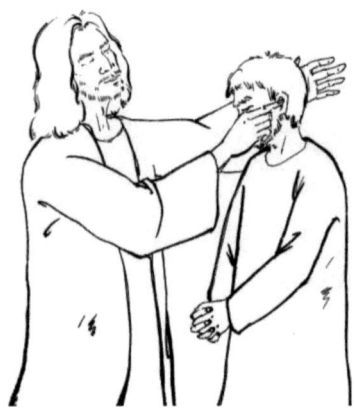

Ich öffne dir die Augen

Allgemeiner Hinweis

Hier werden Gespräche zwischen Jonas und dem Autor wiedergegeben. Die Hinweise, die währenddessen von Jonas kommen, sind von ihm auf meinen individuellen Weg zugeschnitten und aus himmlischer Sicht zu interpretieren. Eine Gültigkeit für jedermann ist daher kaum ableitbar. Es können gerne Informationen in das eigene Leben integriert werden, sofern sie nützlich erscheinen.

Die Gespräche mit Jonas weichen oft von dem ab, was über Themen wie diese üblicherweise geschrieben wird, weil er eine ganz andere Übersicht hat als Menschen, die aus einem begrenzen Sichtfeld agieren.

Kraft deiner eigenen Entscheidungsfreiheit kannst du dem Dialog mit Jonas unter diesem Aspekt etwas abgewinnen oder nicht. Das bleibt ganz dir überlassen.

Wer ist Jonas?

Jonas ist mein übergeordneter Begleiter, Freund und abendlicher Gesprächspartner aus einer höheren Daseinsebene. Er hilft mir, Lebensbereiche auch weit über dieses irdische Leben hinaus, zu erforschen. In jedem Falle werden mir dabei viele neue, interessante Sichtweisen aufgezeigt. Wenn Jonas etwas mit mir bespricht, ist seine Antwort schon in meinem Kopf, bevor ich eine Frage zu Ende gebracht habe. Dabei ist er schonungslos offen und gibt Antworten, die mich oft sehr nachdenklich machen. Und das ist gut so, sonst komme ich mit meiner inneren Entwicklung nicht weiter. Ab und zu muss ich einen Tritt in den Allerwertesten haben, bevor ich den Gleichnamigen bewege.

Jonas ist Freund, nicht Lehrer. Er gibt Anstöße zum irdischen Leben in Ausrichtung auf die Werte, die im Himmel als Existenzgrundlage unabdingbar sind.

Weiterer Hinweis von Jonas an den Leser

Die einzelnen Kapitel sind direkt von Jesus Christus übermittelt und beinhalten Empfehlungen zum menschlichen Entwicklungsweg.

Das anschließende Gespräch mit dem Autor und mir findet in gewohnter Weise seinen erklärenden Ausklang.

Wer beides intensiv und langsam zu lesen willens ist, dem offenbart sich die liebevolle Unterstützung des Himmels.

Die Wahl bleibt dir immer, ob du folgen möchtest.
Die Wahl bleibt dir immer, ob du ablehnen willst.

Jesus als Sohn Gottes ist leise

„Lauthalsige Auftritte mag ich nicht. Ich verkünde das Wort meines Vaters mit Vehemenz, aber niemals aufdringlich.

Wer nach mir sucht wird mich finden. Meine Tür steht jedem offen, der zuhören möchte.

Ich bin bereit jeden so anzunehmen, wie er ist. Der freie Wille wird von mir jederzeit geachtet. Jeder bestimmt selbst das Tempo seiner inneren Entwicklung. Ich möchte begleiten und inspirieren, sofern das Herz dafür offen ist."

Jesus sagt nicht, dass die Wege einfach sind

„Entwicklung ist immer schwer. Besonders im Mensch-Sein. Der Weg lohnt sich aber allemal, denn er führt wieder ins Licht, von dem abgewichen wurde.

Versteht euer Leben als Mensch in der Gnade Gottes, um eine weitere Chance der Rückkehr ins geistige Sein anzubieten. Ihr seid von dort gekommen und werdet nur über einen langen Entwicklungsweg über das Seele / Mensch-Sein durch mich zurück zum Vater finden.

Und am Rande gesagt: Auch noch die (wieder) Engelgewordenen haben weiterhin zu lernen, um im Vater einmal aufzugehen.

Denkt immer daran, leichte Wege sind vielleicht ganz schön, aber kaum ergiebig. Also bewegt euren Hintern und scheut keine Mühen."

Jesus konfrontiert euch

„Langweilig wird es mit mir nicht. Das ist mein einziges Versprechen.

Ihr könnt jederzeit einer kleinen Zwischenprüfung meinerseits unterliegen und bemerkt das gar nicht. Eure sogenannten Widersacher sind meine Helfer dafür. Also seid vorsichtig, wen ihr beleidigen, beschimpfen oder gar angreifen wollt.

Wenn wir gemeinsam wieder im Himmel am Schreibtisch sitzen und die „Akte durchschauen" könntet ihr bemerken, dass ihr hier und da kläglich versagt habt, weil euer Ego noch am Wirken war. Dann kann es mehr als peinlich werden!

Ich achte auch sehr auf alle Gedanken, denn sie sind der Anfang von üblen Taten. Aber das alles ist kein Höllenritt, sondern wird euren Horizont erweitern."

Fürchtet euch nicht, ich bin immer da

Jesus befreit euch von euren Ängsten

„Aber erst nachdem ihr eure Entwicklung abgeschlossen habt. Solange ihr noch in der Entwicklung seid, ist Angst noch wichtig, denn sie fungiert als Regulativ. Sie schützt vor größeren Abschweifungen. Angst ist also sinnvoll, solange sie nicht als Solche das Handeln unterdrückt und lähmt, sondern als Stoppschild gesehen wird. Das ist ihre Aufgabe.

Am Beginn eurer Entwicklungsphase werdet ihr der Angst öfter begegnen, als euch lieb ist. Das legt sich mit fortschreitender Erfahrung. Gelassenheit wird wachsen. Das Verständnis in die Gesetze des Himmels wird größer. Übergreifendes Erkennen rückt in den Vordergrund.

Wenn dieser Wegabschnitt beendet ist, braucht es keine Angst mehr. Sie hat ihre Arbeit getan. Dann werde ich sie auflösen."

Entwickelt euch, dann wird Erkenntnis größer

„Das Übel allen menschlichen Leidens ist das Unvermögen, gepaart mit dem freien Willen.

Es gibt keinen Menschen, der noch nicht etwas Ungutes getan hat. Die Bibel sagt dazu tröstend: *Der Herr lässt die Sonne über die Gerechten und Ungerechten gleichermaßen scheinen.* Mein Vater und ich verurteilen also niemanden. Folglich sollte auch kein Mensch über einen anderen den Stab brechen.

Menschen sind noch keine Engel, sonst wären sie nicht mehr auf der Erde. Sie müssen sich entwickeln. Das dürfen sie aus der großen Liebe des Herrn mit ihrem freien Willen im vorgegebenen Rahmen jederzeit tun.

Aus diesem Umstand wird verständlich, dass auch ungute Gedanken und Taten einmal Vergebung erfahren."

Jesus hilft beim inneren Wachstum

„Entwicklung bedeutet Wachstum. Ich werde dabei mit Inspirationen unterstützen.

Sofern ihr nichts mit mir zu tun haben wollt, kommen sie nicht zum Tragen. Wer sich zu mir hinwendet, wird sie wahrnehmen, aufnehmen und ihren Sinn verstehen. Damit ist erkennbar, dass ich jeden von Anbeginn seiner Entwicklung schon getragen habe, egal wie ihr im Einzelnen zu mir steht.

Mit der Zeit wächst die Einsicht, dass man unbedingt seine innere Entwicklung vorantreiben sollte, denn im Himmelsreich muss unter allen Umständen die Gesetzmäßigkeit einer Gemeinschaft anerkannt, und aus freien Stücken gelebt werden. Sonst werdet ihr diese verletzen und alles durcheinanderbringen."

Jesus hilft zur Einsicht

„Einsicht ist ein Ergebnis aus Entwicklung. Wer sich einer Entwicklung entgegenstellt, hat die einzige Sünde des Himmels getan. Diese besteht im Verweigern des Gebrauches des euch innewohnenden Geistes.

Der Geist wohnt von Anbeginn in euch. Es ist der göttliche Funke und will zum Strahlen gebracht werden, damit ihr die Werte des Lichtes einmal vertreten könnt. Das ist die Basisaufgabe in eurer Entwicklungszeit.

Der Schmerz ist eine Art Beschleuniger dessen, sofern ihr ihn akzeptiert und in Übersicht handhabt. Sich dagegen zu stemmen oder ihm zu unterliegen, hindert an einer umfassenden Entwicklung. So macht euch die Angst besser untertan.

Entwicklung ist anstrengend, ich weiß. Seid also auf der Hut, dass ihr nicht in Faulheit versinkt."

Jesus hilft Geduld zu lernen

„Geduld ist eine Tugend, so sagt man.

Leicht gesagt, aber nicht leicht gelernt, denn sich in Geduld üben ist sehr schwer. Besonders für Entwicklungs-Beginner.

Solange Geduld nicht aus der Hüfte angewendet wird, werdet ihr darin straucheln. Sie bleibt dahingesagt und wirkt kontraproduktiv, weil es zum ungewollten und ungesteuerten Ausrasten kommt.

Hier verbirgt sich also die Gefahr der Selbsttäuschung. Jeder hat seine Grenzen, ja. Eure Aufgabe besteht darin, diese Grenzen nicht zu überschreiten. Erst dann lebt ihr wirkliche Geduld.

Seid euch aber immer bewust, dass sie nicht vor Allem schützen kann."

Jesus hilft zum Verstehen

„Verstehen ist eine Königsdisziplin. Verstehen kann nur der, der die Vorstufen dessen erklommen hat. Diese sind: Bemühen, Empathie, Hilfswillen ohne Forderungen, Erfahrung, Übersicht, Geduld und Erkenntnis.

Diese Vorstufen sind nötig, um nicht zu falschen Schlüssen zu kommen und durch mangelhaftes Wissen Fehlentscheidungen abzuleiten.

Einem Drittklässler traut man auch noch kein Autofahren zu. Aber Menschen neigen eben schnell zur Überheblichkeit, anstatt Gründlichkeit walten zu lassen."

Jesus hilft zur Eindeutigkeit

„Abweichungen sind an der Tagesordnung, solange man sich seiner Sache oder Überzeugung nicht sicher ist. Das öffnet Tür und Tor für Zweifel. Verführungen finden hier ihren Eingang.

Sich sicher sein, also vollumfänglich hinter etwas stehen, egal welche Auswirkungen das hat, ist Eindeutigkeit. Alles andere ist Mehrdeutigkeit und führt in Verwirrung.

In der Entwicklungszeit wird jeder vielfach damit konfrontiert sein. Achtet darauf, nicht auf der faulen Haut zu liegen, sondern eure Schularbeiten zu machen.

Im Himmel gibt es Mehrdeutigkeiten nicht. Sie würden enormen Schaden anrichten, weil sie dann zum sogenannten Fall führen würden."

Jesus möchte euer Herz befreien

„Es existieren Kräfte, die euch vom rechten Himmelsweg abhalten wollen.

Hütet euch vor den sogenannten Pseudowissenschaften oder esoterischen Einflüssen. Sie sind allgegenwärtig und nutzen den freien Willen geschickt aus. Lasst ihr euch ein, sendet ihr, ohne wirklich zu wissen, was ihr da tut, eine Einladungskarte an Negativwirkende. Damit dürfen sie zu dir kommen und in dir ihre zerstörerische Kraft ausleben.

Der Himmel kann mit verführerischen Versprechen nichts anfangen. Alles ist freiwillig und geschieht aus eigener, voller Überzeugung und ständigen Willen, wachsam bleibend, zu lernen.

So prüfet euch selbst und ständig, wem ihr eure Gedanken anvertrauen wollt."

Jesus zeigt, wie Verführungen arbeiten

„Lasst euch vom Sensenmann nicht aus der Ruhe bringen. Er ist hier namentlich nur ein Synonym für alles Negativwirkende. Er wird nur in euch agieren können, wenn er Gelegenheit dazu bekommt.

Angst ist seine Einladung euch anzusprechen. Solange ihr Angst habt, aber dennoch wachsam bleibt, ist er keine Gefahr.

Beachtet, dass die sogenannte normale Angst ihn nicht interessiert, denn sie würde ihm nicht lange dienlich sein.

Er ist darauf aus, Angst zu schüren und zu steigern. Solange, bis sie den Umgarnten vollkommen eingenommen und gelähmt hat. Das ist dann die Stunde für sein Festmahl.

Konfrontiert also rechtzeitig eure Angst, dann verliert sie schon damit ihre einladende Gestalt.

Ihr erkennt schnell, ob euch jemand zum eigenen Vorteil nutzen will. Er wickelt euch mit Versprechen und vermeintlich kostenlosen Geschenken ein. Mal mit mehr, mal mit weniger Geschick.

Schaut als Beispiel auf diese schöne, neue digitale Welt. Hier kann Vieles kostenlos genutzt werden. Aber kostenlos heißt hier, dass Daten gesammelt und verkauft werden. Das wird aber so nicht deklariert. Werbung ist eben geschickt und verfehlt ihre Wirkung selten. In solchen Gefilden fühlt sich Sensenmann wohl.

Nehmt dies als Anlass zum Hinterfragen, was schöne Versprechungen beinhalten. Zeitdruck ist das Perfideste dabei. Das riecht meist nicht gut. Schult also sprichwörtlich eure Nasen!

Der Himmel verspricht nichts. Das ist der Unterschied."

Das Gespräch mit Jonas

„Jonas, eingangs sagte Jesus, das lauthalsige Auftritte nicht seine Sache sind."

„Denk nach, was könnte damit gemeint sein?"

„Ich glaube das daran zu erkennen ist, ob eine Verführung im Raume steht oder nicht."

„Ja, das ist schön gesagt. Schön pauschal. Und schön naiv."

„Jetzt verstehe ich nur Bahnhof, Jonas."

„Nun, Jesus ist leise. Das ist richtig. Man sollte aus eigenem Antrieb auf die Suche nach ihm gehen, dann gut hinhören und auch verstehen *wollen*."

„Das sage ich ja!"

„Ich möchte auf eine Gefahr hinweisen. Bedenkt, dass der verführende Sensenmann nicht dumm ist. Er kopiert Jesus."

„Wie macht der das?"

„Jeder Mensch ist auf seiner ganz eigenen Suche. Stellt euch vor, eure Suche trifft auf etwas, was die Neugier befeuert. Dann hört man erst einmal zu. Also völlig normal bis dahin."

„Würde doch jeder so machen."

„Richtig. Jetzt kommt eine geschickte Manipulation. Onkel Sensenmann erzählt 99 Wahrheiten."

„Ja und?"

„Man nimmt sie für sich an, weil sie ja wahr sind."

„Auch das würde jeder so machen."

„Stimmt. Jetzt erzählt er eine Lüge, die in eine Wahrheit verpackt ist. Dabei muss er nicht mal sonderlich geschickt vorgehen, denn vorher hat er euch so mit Wahrheiten eingelullt, das nur noch selten geprüft wird, *was* er sagt."

„So geht also Verführung?"

„So geht Verführung, mein Lieber. Er hat euch damit nicht nur für dumm verkauft, sondern in seinen Bann gezogen.

„Ah, und dann kann man nicht mehr unterscheiden, was wirklich wahr ist."

„Erfasst. Heute, also im Jahre 2022, würde man das als erfolgreiche Wirkung permanenter Fake-News bezeichnen.

„Nun wüsste ich gerne, wie man vermeiden kann in die Falle des Sensenmannes hineinzutappen. Man bemerkt es nach deinen Angaben gar nicht!"

„Doch."

„Und wie?"

„Nehmen wir an, jemand kommt mit dem Sensenmann ins Gespräch. Dann lasst ihn erzählen. Wenn er Antworten will, lasst ihn zappeln. *Man schläft nochmal drüber.*"

„Der wird darauf nicht eingehen und denjenigen an die lange Leine nehmen."

„Das ist seine perfide Art, ja."

„Wie kann man die schlechten Absichten vom Sensenmann und die guten Absichten von Jesus ausmachen? Ich weiß es immer noch nicht."

„Jesus stellt keine Bedingungen, keine Forderungen und zeigt Geduld."

„Eben sagtest du, das kann Onkel Sensenmann auch."

„Ja, aber lange nicht mit so offenkundiger Herzlichkeit wie Jesus."

„Es gibt bestimmt einen Punkt, wo man den Sensenmann als Verführer entlarven kann. Wo ist dieser Punkt, Jonas? Den will ich treffen. Alles andere ist doch zu vage."

„Fragt ihn, *warum* er etwas für euch tun will, dann muss er Farbe bekennen."

„Wie sieht das konkret aus?"

„Lasst ihn erzählen. Irgendwann gehen ihm die Argumente aus. Er bietet immer etwas an. Erleichterungen, Bequemlichkeiten, Geschenke und so weiter."

„Und dann?"

„Fragt ihn, ob das alles ist."

„Der wird weitermachen, oder?"

„Er wird konkreter werden müssen. Und er wird dann ungehaltener. Irgendwann wird er einen Vertrag offerieren. Der kann jederzeit abgelehnt werden."

„Sensenmann wird vor Wut schäumen."

„Klar!"

Was dann?"

Er wird auf eure Dummheit hinweisen, und mit Einschüchterungsversuchen weitermachen."

„Was kann man dem entgegensetzen?"

„Hier ist der Punkt, der schon angesprochen wurde. Man könnte sagen: *Jesus macht niemals Druck und braucht keinen Vertrag, also agiert hier nicht Jesus.*"

„Was könnte der Verführer dann tun?"

„Er kann gut an Zweiflern weiterarbeiten. Bei den Aufmerksamen funktionier das nicht mehr so gut. Also hat er eigentlich schon verspielt. Dreht euch um und lasst ihn einfach stehen.

Er wird euch dann wüst beschimpfen. Jesus würde das nie tun."

Warum will Jesus konfrontieren?

„Das ganz normale Leben reicht doch auch schon."

„Ob euch das Leben an sich, oder Jesus direkt konfrontiert, beides rüttelt auf. Im Irdischen wäre der Erfahrungsschmerz als Konfrontation zu sehen. Damit wurstelt man allein herum.

Konfrontiert Jesus, kann das den Schmerz lindern, wenn man wirklich hinhört und seiner Übersicht folgt. Das ist der Unterschied.

Deshalb möchte Jesus die Hand reichen. So kann man Vorgänge schneller verstehen, um dann adäquater zu reagieren, bevor es richtig wehtut."

„Es ist also eine Hilfe?"

„Natürlich! Es ist als kleine Abkürzung gedacht. Wird das nicht angenommen, konfrontiert weiterhin das stinknormale Leben. Das tut im Regelfalle mehr weh, weil, wie schon gesagt, damit allein herumgewurstelt wird."

„Wie passt das zusammen mit den Erfahrungen, die jeder doch selbst durchleben muss. Wenn Jesus diese dann abkürzen kann, macht man sie noch richtig durch? Ich meine so mit viel Aua und so? Nur dann lernt man doch erst richtig, oder?"

„Schaut richtig hin, was gemeint ist. Abkürzen bedeutet, dass es schneller gehen kann, wenn man den Inspirationen von Jesus folgt. Damit werden Erfahrungen nicht flacher, sondern bewusster gemacht."

Wie will Jesus mich von Ängsten befreien?

„Das *wie* ist nicht wichtig. Er wird es tun, das ist sicher. Seine Werkzeuge müssen nicht erkundet werden. Das Ergebnis ist wichtig, sonst nichts."

„Aber solange wir noch im Mensch-Sein sind, greift das noch nicht. Also wann genau wird er es tun?"

„Ist eine Inkarnationsreihe erfolgreich abgeschlossen, geht der Mensch in die Neugeburt. Dort ist eine Art Schwelle, wenn von einem Bereich in einen anderen gewechselt wird."

„Das ist bekannt, Jonas. Man könnte sich doch in diesem Moment allein vom Schmerz lösen. Warum sollte Jesus da noch helfend eingreifen?"

„Das könnte man allein schaffen, ja. Die schmerzvollen Momente wären dann überwunden.

Aber: Sie verbleiben jedoch noch in der Erinnerung. Also kann man sie zurückrufen, sage ich mal salopp."

„Wäre das denn von Nachteil? Es würde doch immer wieder von Überheblichkeit abhalten. Das wäre doch ein großer Vorteil, Jonas."

„Aus menschlichem Blickwinkel schon. Aber aus der Sicht des Himmels könnte das die Weiterentwicklung im himmlischen Sinne bremsen."

„Verstehe ich nicht ganz."

„Es geht hier um die Erinnerung. Du selbst kannst sie nur bedingt ablegen.

Es werden störende Fragmente übrigbleiben, weil du nicht die Werkzeuge zur vollständigen Löschung hast."

„Jesus geht also den absolut sicheren Weg, oder?"

„Genau. Er mach Nägel mit Köpfen, um einmal deinen Jargon anzuwenden. Löscht Jesus sie, bleibt dein freier Blick nach vorn gewährleistet."

„Und was ist mit der Überheblichkeit?"

„Die ist dann längst Geschichte. Darum brauchst du dich nicht mehr zu kümmern."

Entwickelt euch, dann wird Erkenntnis größer

„Was könnte man dem hinzufügen, Jonas. Das ist doch glasklar."

„Trotzdem möchte ich das noch ein wenig vertiefen. Sich entwickeln können, setzt auch immer ein Wollen davor. Sperrt man sich, weil chillen besser kommt, dann bleibt Entwicklung aus. So einfach ist das.

Jeder hat die Möglichkeit, seine Entwicklung aus eigenen Vermögen, egal wie es darum bestellt ist, anzugehen. Man hat zusätzlich die Möglichkeit, die Hilfen von Jesus in Anspruch zu nehmen. Das bleibt freiwillig und setzt keine Hürden, auch wenn seine Hilfe nicht in Anspruch genommen wird.

Egal, wie entschieden wird, oder sich einmal umentscheidet, jeder hat immer den freien Willen dazu.

Jesus und Gott als sein Vater werden niemandem etwas aufs Auge drücken, so wie es gerne andere Kräfte ständig versuchen, ohne dass das als Verführung zu orten ist.

Denke daran, solange man im Mensch-Sein ist, bleibt man in der Phase der Entwicklung.

Beispielhafterweise ist es den Nachhilfeangeboten bei Lernschwächen, etc. ähnlich. Man kann sie annehmen, oder auch nicht.

Entwickeln wird sich jeder sowieso, auch wenn ein Leben in der Inkarnationsreihe einmal *daneben geht*. Also nichts erbringt für eine Gesamtentwicklung. Das ist ohnehin eher die Regel. Ein nächstes Leben wird es *ausbügeln*.

Wie er beim inneren Wachstum hilft

„Wie funktioniert das in der Praxis, Jonas."

„Du siehst ja, wie es mit uns beiden funktioniert. Ich gebe dir Inspirationen. Diese kannst du empfangen oder auch nicht. Es kommt immer auf deine augenblickliche Bereitschaft an."

„Nun, ich darf eine intensive Verbindung mit dir pflegen. Diese ist in langer Zeit gewachsen. Das ist aber nicht bei jedem so."

„Stimmt. Du hast gelernt zuzuhören. Das können andere aber auch, sofern sie sich öffnen. Deine Offenheit und Interesse am Himmelsgeschehen bleiben hoch, deshalb ist unsere Verbindung so intensiv. Würdest du quasi zumachen, bricht diese Verbindung wieder ab."

„Ja, das weiß ich wohl, Jonas. Was ich aber meine ist, ob andere diese Hilfen ebenso bekommen können, wie ich."

„Sicher. Der Unterschied besteht darin, dass du mit deiner inneren Entwicklung schon recht weit bist. Andere vielleicht noch nicht. Und dann bekommen sie über Inspirationen auch nur das, was ihnen gemäß ist. Oder sie sind weiter als du, dann ist es genauso geregelt. Es richtet sich immer danach, was für einen bestimmten Schritt dienlich ist. Egal, wie weit jemand fortgeschritten ist."

„Jetzt nehmen wir einmal an, derjenige will nichts von Inspirationen wissen. Was ist dann?"

„Ich gebe sie trotzdem. Derjenige wird sie nicht als solche ausmachen, also gar nicht verwerten können, oder sie als Eigenleistung ansehen.

Ich habe, wie bei dir ja auch, viel Geduld. Jeder kommt zur Erkenntnis, wann es von ihm selbst stammt oder sozusagen *von oben* kommt."

„Jonas, kannst du mir den Unterschied zwischen einer Inspiration und einer Intuition erklären?"

„Zunächst die Inspiration: Sie wird von einem außerpersönlichen Geist, hier also ich als dein Jonas, eingegeben. Diese Eingabe kann dir über ein inniges Berührungserlebnis eine neue Erkenntnis vorstellen."

„Ist das nicht gleichbedeutend mit einer Intuition?"

„Nein. Eine Intuition kommt aus deinem eigenen, höheren Selbst und vermittelt damit direktes Erkennen. Ich bin da also nicht involviert. Das ist allerdings ausschließlich dem vollkommen entwickelten Menschen möglich. Also dem, der kurz vor seiner Neugeburt steht."

Wie könnte mich Jesus zur Einsicht bewegen?

„Einsicht ist ein Prozess, der auf Bemühen aufbaut. Bemüht euch um andere, am besten Nahestehende. Bemüht euch, zu verstehen, damit ihr dessen Handlungen verstehen lernt. Die Einsicht in Verhalten anderer kann eine vorteilhafte Rückbeziehung auslösen. Das nennt man Einsicht.

„Könnte man weitläufig den Begriff Einsicht dann auch als Hineinsehen in etwas auslegen?"

„Eine gute Beschreibung, ja. Damit kann ich mich anfreunden."

„Aber wie kann Jesus zur Einsicht aufrufen?"

„Er kann dazu nur anstoßen. Den Prozess des Erkennens muss jeder selbst durchlaufen."

Wie hilft Jesus Geduld zu lernen?

„Ich weiß nicht, wie man einen Menschen zur Geduld bringen könnte. Das geht doch nur, wenn derjenige es wirklich selbst will, weil durch Ungeduld Vieles daneben gehen kann, oder?"

> „Da gebe ich dir recht. Einfach ist das nicht. Das Wirken von Jesus in dieser Sache besteht in seiner Geduld, die er demjenigen vorlebt. Schaut man sich das ab, dann kann es damit gelernt werden."

„Ganz so, wie es im Tierreich passiert?"

> „Ganz genauso. Vielleicht hast du schon in Forschungssendungen gesehen, dass in Gefangenschaft aufgezogene Tiere selten noch ausgewildert werden können."

„Ja, stimmt. Sie haben es nicht von ihren Eltern ab-
geschaut, damit nicht selbst ausprobiert und über-
nommen. Das fehlt dann in der freien Wildbahn,
wenn sie sich allein bewähren müssen."

„Genau. Von den Betreuern können sie es
nicht lernen, weil sie es ihnen nicht vorle-
ben können."

„Wie ist der Zusammenhang mit Jesus darüber
herstellbar?"

„Jesus ist, sozusagen das Elternteil, welches
das Lernen durch Vormachen und Nach-
machen vermittelt. Hier also im Bereich Geduld zu lernen. Er zeigt, wie es geht. Andere Menschen können es dir auch vermit-
teln, aber nur durch Unmut. So kommt
schnell Streit zustande, weil keiner der beiden Parteien schon wirklich belastbare Geduld hat. Das ist der schmerzvollere Weg.
Mit Jesus wäre es einfacher."

Wie hilft Jesus zum Verstehen?

„Wer möchte sich nicht verstanden wissen, mein Freund. Dir geht es nicht anders als anderen. Doch wirklich verstehen kann man erst, wenn eine Übereinstimmung vorhanden ist. Fehlt sie, kommt auch kein Verstehen zustande, weil zu große Unterschiede vorhanden sind. Man ist einfach zu weit weg voneinander."

„Und so gibt man sich auch keine Mühe zum Verstehen?"

„Na ja, hier kommt es darauf an, ob beide Gesprächspartner in der Lage sind, auch entgegengesetzte Meinungen zu beleuchten. Mehr braucht es nicht um in ein *Verständnisversuch* dem anderen gegenüber zu kommen.

Dann wäre auch ein Verstehen möglich. Damit ist noch lange keine Übereinstimmung mit der Meinung des anderen verbunden. Das erfordert dann die Akzeptanz anderer Ansichten."

„Und wie kann mir Jesus dabei helfen?"

„Indem du ihm zusiehst, wie *er* jeden akzeptiert, wie er ist!

Auch du kannst zuhören, ohne gleich zu verurteilen. Dazu braucht es die Toleranz. Es braucht halt Zeit, bis es sitzt. Vorher höre nur zu und verletze dein Gegenüber nicht. Jeder hat das Recht seine Meinung zu vertreten. So gilt Gleiches für alle.

Das kannst du dir als Grundsatz an die Kühlschranktür kleben."

Wie hilft Jesus zur Eindeutigkeit?

„Eindeutig sein bedeutet sicher sein. Man steht auf festem Grund, erkennt Verführungen als Solche, und erliegt ihren Angeboten nicht."

„Das bedeutet wohl auch, dass dann Zweifel keinen Platz mehr haben, oder?"

„Nicht nur. Sie sind überwunden. Das ist schon ein Schritt weiter, verstehst du?"

„Nun komme ich ja als sogenannter Anfänger auf die menschliche Welt und bin ausgerüstet nur mit dem Ego und dem freien Willen. Da kann ich Verführungen noch gar nicht erkennen."

„Richtig. Du bist noch am Anfang. Und da hast du mit Mehrdeutigkeit zu tun. Da ist jeder noch auf der Suche.

Die Verführungen ergeben Erfahrungen. An denen wird gelernt. Der menschliche Weg ist steinig, der Himmel weiß das wohl. Aber alles, was dir begegnet, ist Lehre. Lehre zum Finden des Weges nach Hause."

„Wie verhilft mir Jesus dazu?"

„Er begleitet dich, ohne dass es dir gewahr ist. Dazu gibt es eine Geschichte.

Ein Jüngling beschwert sich bei Jesus, dass er im Schnee immer nur seine eigenen Fußspuren gesehen hat, obwohl er um Beistand bat."

„Wie war die Antwort?"

„Immer dann, wenn du meine Fußspuren vermisst hast, habe ich dich gerade getragen."

Warum möchte Jesus die Herzen befreien?

„Es gibt das Lebensprinzip im Licht. Dort, wo der reine Geist am Wirken ist. Das nennt sich das *erste, auch lichte Prinzip*. Lange Zeit existierte nur dieses.

Durch das, was Menschen als *Fall* bezeichnen, wurden Eindämmungen wirksam. Der Schnitt von der geistigen, hin zur materiellen Welt ist ab hier vollzogen.

Die materielle Welt ist dann im sogenannten *Wandlungsprinzip* eingebettet. Wandlung bedeutet, dass nichts bleibt, wie es ist, sich also ständig umwandelt.

Diese Lebensebene beginnt abwärts mit der Seele. Sie ist im *zweiten Lebensprinzip* angesiedelt. Das ist schon ein Feld in der Dichte (Materie).

Diese astrale Lebensebene ist für Menschen nicht wahrnehmbar.

Der Mensch an sich ist ein zusätzliches Gnadengewand, welches noch später hinzugefügt wurde.

Der Mensch bleibt an seine Seele gebunden. Das bedeutet nicht, das sein geistiger, bleibender Anteil nicht vorhanden ist. Dieser wirkt als sogenannter göttlicher Funke im Hintergrund. Jeder Mensch ist also prinzipiell ein Drei-Ebenen-Wesen.

Die Seele bestimmt den eigentlichen Entwicklungsweg. Nicht der Mensch an sich. Er trägt in einer Reihe von Wiedergeburten Erfahrungen in die Seele zurück, die dann eine Art Auswertung ableitet und damit ihre Vollkommenheit anstrebt.

Hat sie diese erreicht, geht sie in die geistige Ebene zurück (in das *Paradiesgeist-Sein*) und *entfaltet* das, was sie in ihrer seelischen Vollkommenheit auszudrücken vermochte."

„Ich sehe jetzt noch nicht, warum Jesus mein Herz als frei einstuft. Ich bin doch immer in Zwängen und Beschränkungen eingebunden, oder?"

„Mit freiem Herzen ist der Mensch UND die Seele angesprochen. Zuerst der Mensch, weil auch er sich in seiner Entwicklungszeit schon beginnend von Abweichungen freischaufeln kann. Das erkennt Jesus unmittelbar als Befreiungsbemühen.

Die Seele wird weiterreichend genauso agieren. Hier kann schon eine intensivere Verbindung mit dem Himmel aufgebaut werden, weil deren Entwicklung nicht mehr in einem Durcheinander, sondern linear stattfindet.

So gesehen werden die Prinzipien der dichten Welt mit der Zeit der Entwicklung immer unwirksamer, und damit überwunden werden."

„Jonas, wann lerne ich Jesus direkt kennen?"

„Schon bald. Er ist ohnehin oft dabei, wenn
wir beide miteinander im Gespräch sind."

„Ja, gut. Du gibst mir Inspirationen, damit ich sie
zur inneren Entwicklung nutzen kann. Aber damit
lerne ich Jesus doch immer noch nicht direkt kennen."

„Übe dich in Geduld, mein irdischer
Freund. Alles zu seiner Zeit."

Noch ein direktes Wort von Jesus

Es gibt immer wieder Missverständnisse bezüglich einer Botschaft an den Himmel. Oft wird darüber geklagt, dass Gott das ganze Leid dieser Welt zulässt. Wie kann ein Gott der Liebe das den Menschen nur antun...

Aufklärend möchte ich Folgendes sagen: Dieses Wehklagen ist nicht böse gemeint, der Himmel weiß das. Es stammt aus einer gewissen Ohnmacht aus irdischen, oft negativ empfundenen, Ereignissen. Diese entsteht auch aus der Unvollkommenheit der Menschen, die ja erst am Anfang eines Weges stehen.

Diese Missverständnisse entstehen hier auch aus noch fehlender Klarheit. Zur Klarheit sei hier gesagt: Menschsein ist eine Phase des Lernens. Besonders an schwierigen Erlebnissen. Manchmal auch an sehr schwierigen. Nicht mehr, und nicht weniger.

Der Himmel hat Empfehlungen ausgesprochen, die auf eurem Weg von Vorteil sind. So wie eine Autobahn Leitplanken hat. Diese sind auch dort Hilfen, damit größere Schäden erst gar nicht entstehen.

Jede Ablenkung verstärkt die Möglichkeit des Abkommens vom rechten Weg. Ablenkungen sind Verführungen, die immer wieder von Kräften angeboten werden, die in erster Linie ihre eigenen Interessen vertreten. Die Belange der Menschen, die auf der Suche nach ihrem rechten Weg sind, bleiben außen vor. Suchende sind leicht verführbar.

Auf der Autobahn geblieben würden euch viele Sorgen erst gar nicht begegnen. Auseinandersetzungen zur inneren Entwicklung sind auch hier genug vorhanden. Und hier wäre der freie Wille auch besser aufgehoben. Anwendungsmöglichkeiten, ihn auszuprobieren, gäbe es trotz Leitplanken mehr als genug.

Verführungen annehmen bedeutet, vom Ziel abzuweichen. Damit rennt ihr in kaum noch handhabbare Situationen hinein.

Solange euch der Glitzer der Materie fasziniert, solange wollt ihr gar nicht auf der Autobahn fahren. Ihr schwelgt im Übermut und denkt nicht mehr an den Himmel.

Doch ihr werdet den großartigen Angeboten einmal müde werden, weil sie endlich sind und ein Sinn nicht erkennbar ist.

Spätestens dann geht das große Gejammer los. Ihr entdeckt wieder den Himmel, schimpft in voller Verzweiflung auf Gott, weil er nicht gefälligst für euer Wohl gesorgt hat.

Verinnerlicht mal Eins: Ein Weg zu uns (den ihr ja alle ersehnt) wurde angeboten.

Das Einzige, was angemahnt wurde war, diese Leitplanken nicht als Eingrenzungen, sondern als Hilfen und Schutz zu sehen. Jetzt müsst ihr schmerzlich lernen den Übermut wieder zu beseitigen.

Seid trotzdem immer sicher, dass jedem Einzelnen die Liebe des Himmels bleibt, egal was ihr anstellt oder wie lang eure Umwege auch sein mögen. Ihr werdet die Autobahn wiederfinden!

Das Ganze nennt sich Entwicklungsweg zur Erkenntnis.

Danke für deine Zeit

Meine größte Freude wäre es, wenn du dem Gespräch mit Jonas etwas für dich entnehmen konntest. Vielleicht hast du ein paar Minuten, um dort, wo du dieses Büchlein erworben hast ein paar Zeilen hineinzuschreiben.

Auf meiner Webseite:

www.gespräche-mit-jonas.de

freut sich auch mein Gästebuch auf dich :)

Wolfgang Nicolaus